어우리

이 도서의 국립중앙도서관 출판예정도서목록(CIP)은 서지정보유통지원시스템 홈페이지(http://seoji.nl.go.kr)와 국가자료종합목록 구축시스템(http://kolis-net.nl.go.kr)에서 이용하실 수 있습니다.
(CIP제어번호 : CIP2020021626)

지혜사랑 218

어우리

안지순

지혜

시인의 말

첫 시집을 묶는 것은 지나온 삶을 거슬러 올라가는 것이다. 좌도시 동인지에 첫 시를 발표했던 2006년 내 나이 서른세 살, 시의 씨앗을 뿌리기도 전에 삶의 좌표는 때를 만난 듯 곤궁 속으로 나를 밀어 넣었다. 삶이 가파른 언덕을 올라갈 때 시는 아래로 내동댕이쳐졌다. 그런 중에 좌도시가 산소호흡기가 되어 내 시를 연명시켜주었다. 시의 숨은 멎지 않았고, 삶은 이제야 내게 자리 하나 내주었다. 이제는 산소호흡기를 떼어도 된다.

내 시의 처음이자 과정인 좌도시에게 큰절 올린다. 부족한 제자의 시에 글을 주신 조재훈 교수님께 형언할 수 없는 감사의 말씀드린다. 부끄럽지 않은 시와 삶으로 보답해야 함을 가슴에 새긴다.

2020년 여름
안지순

차례

2부

3부

4부

• 일러두기

한 연이 첫 번째 행에서 시작될 때는 > 로 표시합니다.

1부

의총리* 가는 길

봇짐 이고 걸어가는 할머니 뒤를
앞서거니 뒤서거니 철쭉이 따라가고
펄렁이는 옷깃에
청보리 물결치는 의총리

그만큼 떨어져서
조팝꽃 조르르 몰려들고
그만큼 떨어져서
진달래 꽃무덤 묻어가고

십리장등* 빛 따라
바람 같은 걸음 따라
묻어놓은 서러움도
몸 풀고 쉬어 가는 길

그리움도 무더기 꽃무더기
양팔 벌려 모여드는 의총리
사람도 그만큼만 그리워해라
가만가만 꽃처럼 피고 지어라

* 충남 금산군 금성면 칠백의총이 있는 마을.
* 십리(4km)길의 산등성이. 의총리 길에 붙은 이름.

동동주

고두밥과 누룩을 담은 항아리
아랫목에 눕히고
밤새 앓는
어머니의 신음 소리

명절이 가까워도
기침은 멎지 않고
불안한 어린 딸은
쿨럭이는 솜이불을
열어보기도 했다

겨울이 다 가도록
몰아치던 병균조차
화를 삭였는지
기침이 잦아들 즈음

깊은 곳에서 올라오는 새벽
안개처럼 핀 어머니는
문살에 걸린 달빛을 젖히고
맑은 술 한 사발
퍼내고 있었다

강江

은빛으로 빛나던 때가 있었네
푸른 숨 토해내는 물결 위로
통발을 들어 올리면
팔뚝 같은 물고기들 튀어오르던 때가 있었네
강가에 솥을 걸고 어죽을 끓여
둘러 앉아 먹던 사람들
하나둘 일어서 집으로 돌아가고
저마다의 물길로 흘러갔네

어느 사이 나는
도시 변두리를 걷고 있었네
찬바람 부는 뒷골목을 서성이는데
어디선가 은밀하게 불어오는 냄새
점점 휘감아오더니
참을 수 없는 식욕으로 나를 이끄네
몸살처럼 다가오는
그곳을 향해 갔네
연어처럼 온몸으로 올라갔네

인적이 사라진 물가
빛나던 한때의 꿈도
파닥거리던 은빛 물고기도

모두 데리고 떠나버린 강
새로운 물결이 날마다 일어
반짝이던 날들마저
힘차게 끌어안고 가는 강을 보았네

열꽃

사흘 밤낮 열감기를 앓던
어머니가
오늘은 이른 아침 부엌에서
도마 소리를 낸다

똑
똑
똑

식구들 밥을 퍼내며
가느다랗게 떨리는 손
어머니는
잦은 기침을 옆으로 뱉어내며
밥상을 차린다

어머니 얼굴에는
홍조처럼 열꽃이 피었다
밥 먹어라
어여들 밥 먹어

밥상이며 마루며 마당으로
똑

똑

똑

꽃잎이 떨어진다

흥부의 외출

그가 집을 나갔다

해모수가 29인치 화면에서
피 토하고 죽던 저녁
간간이 눈물 훔치더니
슬그머니
다용도실 배낭을 메고
바람처럼 빠져 나갔다

한 계절처럼 긴 밤이 지나고
느즈막한 햇살이 들어오자
낡은 운동화 한 켤레 현관에 들어선다

도시 변두리 골목을 걸었을
큼지막한 신발 하나가
제 몸을 풀어헤치고
깊은 잠에 빠졌다

드넓은 땅 날쌘 말을 타고
바람 같은 기상으로 달리고 있는지
간혹 가파른 숨을 내쉬면서
자고 있다

집으로 돌아올 생각도 없이
마냥 자고 있다

뒤란

철사줄에 모가지 꿰여 끌려온 뱀들
동네 아저씨들 모여 앉아
껍질을 벗겨내고
자욱한 연기 피워내던 뒤란
버짐 자욱한 어린 자식 입에
한사코 넣어주었던
검게 그을린 살점
거역할 수 없는 손에 이끌려
슬픈 비명을 입에 삼켰던
유년의 뒤란

병약한 자식을 키우는
엄마가 되어
굳게 다문 아이 입에
한사코 밥을 떠먹이며
전쟁을 치르는 밥상
먹지 않겠다는
아이 입에 음식을 집어넣으며
나는 매번
유년의 뒤란을 돌아나온다

식사

어릴 적 우리 집에는
사립문이 없었다
마당에 멍석 깔고 둘러 앉아
푸성귀 찬에 밥을 먹으면
지나가는 할머니도
광주리 생선을 파는 아줌마도
같이 앉아 한 숟가락 뜨기도 했다

이제 우리는
현관문이 두 개나 있는 아파트에서
식구 수만큼 놓인
의자에 앉아 밥을 먹는다
분량에 맞춰진 전기밥솥에
먹을 만큼 만든 찬은
네모난 식탁 위에
가지런하다
닫힌 문을 확인하고
평안을 위한 기도를 올리고 나서야
안도의 밥을 먹는다

아무도 내 식탁을 침범하지 않지만
내 일용할 양식은 늘 위태하다

바지락

— 고모에게

여기 그녀가 있다
소금물에 몸 담그고
지나온 세월을 모두 토해내는

온몸에 퍼졌을 암세포에도
무엇이 더 남았는지
부연 얼굴로 입을 벌린 채
고통마저 내려놓은 그녀가 있다
새벽 장독 위 정화수처럼 빛나던 눈은
허공 어디쯤에 두고
잡은 손을 놓지 않고 있다
옹이진 모래알을 뱉어내며
그녀가 힘겹게 나를 본다

넓은 갯벌에 작은 둥지를 틀고
햇살과 바람과 물로
단단한 집을 짓던 그녀가
슬픔마저 껴안은 심연의 바다를
토해내고 있다
어깨를 누르던 한 생애의 문이
어둠 속으로 닫히고 있다

반딧불이

논물 찼을 때
모내기를 해야지
품앗이 얻으러 다니는
어머니의 가쁜 발자국 소리

설우雪宇

아주까리기름 단장한
큰어머니 쪽진 머리
빛바랜 은색 비녀가
홀로 넘어온 세월을
곱게 여미고 있다

하늘 소풍 가신
젊은 지아비가
놓아주신 장독대
그 돌을 밟고
김칫독을 여는데

장독 위로 눈이 내린다
멀어져가는 그리움처럼
몰래 다녀간 슬픔처럼
소리도 없이 눈이 내린다

먼 눈이 이리 퍼붓는다냐
쪽진 비녀로
어깨 너머로
손등으로
하릴없이 눈을 맞다가

>

순아 – 뒤란 눈 좀 쓸어라
하얀 눈 속에서 멀어져가는 소리

나무의자

십육 평 임대 아파트 베란다
젖은 운동화를 안고
기다림에 익숙한 자세로
젖어가는 나무의자

삐걱대는 불편한 다리로
구석에서 뒹굴다가
베란다 한켠으로 밀려나서

작은 것들의 눈물을 받아내며
늙어가는 의자
한낮에 잠시 놀러온 햇살이
가만가만
어루만져주고 있다

고로쇠 물

아침마다 그는
시골 당숙이 뒷산에서 빼냈다는
고로쇠 물을 먹는다
플라스틱통 하나를 다 받으려면
적어도 사흘은
나무에 호수를 꽂아놓아야 한다며
여간 힘든 일이 아니라고 한다

단돈 삼만 원을 주고
넘겨받은 고로쇠 물에서는
피비린내가 난다
생살이 찢기고 옆구리에 구멍이 뚫려
박해받는 고로쇠 십자가
새 날을 꽃피우기 전에
처형당한 봄의 눈물이다

사진

언제 걸렸는지도 모를 큰댁 마루에 오랜 사진 하나
스물세 살 앳된 청년이 큰집 마당을 내려다보고 있습니다
내가 아주 어렸을 적 엄마 손을 잡고 큰집 마당에 들어섰을 때
나를 내려다보던 큰아버지 얼굴은
큰집 마루를 없애고 거실이 있는 집으로 고쳤을 때도
색 바랜 사진이었습니다

큰어머니, 그 사진 아래서
사진과 닮은 아들을 낳고
그 아들이 다시 아들과 딸을 낳았습니다
도회지로 흩어진 자식들도 명절날은 돌아와
사진을 잘 닦아 상 앞에 놓고 절을 합니다
사진을 거는 손들이 주글주글해질 때마다
사진 속 앳된 청년도 같이 늙어갑니다

이번 설에는 식구들 모여 앉았는데
큰어머니 사진틀 아래 누워만 계십니다
인자는 느이 큰아버지한테로 갈라나부다
며칠 새 작아진 큰어머니
엉금엉금 문지방 넘어 안방으로 들어가더니
한참을 지나 낡고 오랜 사진 하나 들고 나옵니다

>

누런 사진틀에 앳된 처녀 얼굴
스물세 살 청년 얼굴 뒤에 슬며시 놓아둡니다
쪽진 머리 매만지며 누운 고운 숨소리가
저문 해를 잡고 가물가물 넘어갑니다
그 사진 아래서 우리는 밥을 먹고
상을 치우고 간간이 웃으며 잠이 듭니다

상엿집

넘지 못한 길이 있었네
소나무가 거미줄처럼 엉켜있던
고갯길에는
밤이면 귀신들이 웅웅댄다는
초막이 있었지

동무들과 떨어져
학교에서 집으로 오는 길
고갯길 앞에서 멈추었네
어둠은 거미줄을 타고 오는데
한 발짝도 떼지 못한 채
주저앉아 울어버렸네

어느 날 호기심 가득한 친구가
열어 본 집
야 이리와 봐
뒤에 서서 멀찍이 바라본
그 안에는 아무것도 없었네

나를 사로잡았던 그 집
한낱 꿈으로 사라진 줄 알았네
누구나 한 번쯤 앓는 열병인 줄 알았네

그러나 나는 때로 고갯길 앞에 서 있네
거미줄을 타고 자라는 나무
그 길 앞에서
하릴없이 서성이고 있네

둥구나무 이야기

두 눈이 굳게 봉해진 채
지팡이를 휘저으며 걷는 설원이 엄마
나무허리를 짚고서야
비로소 한숨을 내쉬었지
술 취해 들어온 설원이 아버지가
밥상을 엎고 소리를 지르면
설원이는 우리집 뒤란에 몸을 숨겼지
나가서 죽어버려
설원이 엄마의 울부짖음을 안고
우리는 둥구나무 앞에 돌을 쌓으며
엄마의 소원을 빌어주었어

둥구나무에 기대어
아이들은 키재기를 하고
무궁화꽃을 피우고
낮과 밤은 점점 빨라져
돌무더기도 허물어질 즈음
일어나지 못한 설원이 아버지
상여소리는 나무를 흔들고 지나갔지

밖에 나오지 않던 아이가
나무 위로 오르기 시작했어

내려와
내려와
부르는 소리를 듣지 못했을까
올라가면 갈수록
땅은 멀어지고
하늘은 더 높아져
내려오지 못한 것일까
돌무더기는 사라지고
나무는 점점 늙어 가는데
아이는 아직도 그곳에 있다지

열쇠

잠깐 외출한 사이
현관문에 구멍이 났다
좀도둑은 아니었나 보다

열쇠집 아저씨를 불러
새로 나온 자물쇠로 바꾸었다
하나 더 해야 하나
홈쇼핑에서 비밀번호 열쇠를 주문했다
며칠을 뒤척이다가
홈 경비 시스템을 신청했다

저 현관문 하나가
얼마나 많은 밥이 되었을까
겁 많은 여인네의 한숨이
따스한 밥이 되는 저녁

저 골목 아래
나무들은 소리도 없이 자란다
보이지 않는 뿌리를 마주대고서

2부

우리 동네 구두 수선집

바람이 낡은 간판에 앉아
속삭이고 가는 집
낮은 천장으로 고개 숙여 들어가면
구슬땀을 꿰듯
온몸으로 구두를 잡고 있는 손
그 손에서 다시 태어난 구두가
진주처럼 피어나는 집
공장에서 찍어낸 구두를 신고
프랜차이즈 커피를 마시며
수선을 기다리는데
굵은 땀방울이
구두에 새겨지고
마지막 실 한 올 매듭질 때까지
바람도 숨죽이고 있는 집
커피값도 안 되는
수선비를 부르고는
민망한 내 얼굴을 향해 환하게 웃는 집
땀 한 방울 흘려본 적 없는 발이
굳은살 밴 노동으로 빚어낸
구두 앞에서 부끄러운
그 발등으로 햇살이 부서지는 집
내가 수선 받고 나오는 집

민달팽이

그가 우리집에 다녀갔다

검은 시금치 봉지에 담겨
냉장고에서 며칠 간 숨죽이고 있다가
아침나절 싱크대에 쏟아져서
겨우 물 한 모금 마시고

오후로 넘어가는 한낮에는
물 가둬둘 껍데기도 없이
싱크대 아래로 내려왔을 것이다

매끈한 거실 바닥을 기어서
두꺼운 유리 앞에서 한참을 두드리다가
겨우 다다른 차가운 베란다 바닥
드디어 바깥 냄새를 맡았을 것이다

물과 흙과 풀잎이 있는 곳으로
그는 온전히 뛰어내렸을까
멀고 먼 집을 향해서

줄 1

큰 나무 아래 허공에 떠 있는 벌레가 있다
보일 듯 말 듯 가는 줄에 매달려
온몸으로 발버둥쳐도
한 뼘도 오르지 못하는 벌레 한 마리
장난기 돋친 손가락으로
가느다란 줄을 흔들어 본다
끊어질 듯 힘없이 흔들리는 줄

밥줄을 흔드는 손이 있다
높은 곳에 앉아
여유로운 미소를 짓는 그들이
자본이라는 마법을 걸어
손가락 하나로 가볍게 흔드는 줄
그 줄에 온몸으로 매달려
몸부림치는 사람들이 있다
손가락 하나만 가볍게 누르면
툭 끊어지는 줄에 내가 매달려 있다

줄 2

몇 년 사이 모래성처럼 허물어지는
그의 손을 이끌고
가까운 동물원에 갔지
수직으로 내린 줄을 잡고
아슬아슬한 곡예를 할 때마다
연신 탄성이 터지는 원숭이 우리 앞에서
우리는 말이 없었네
한 손에는 줄을 잡고
다른 손으로 능숙하게 과자를 받아먹는 족속
저 줄 하나를 놓쳐버리면 끝나는 것이다
어느 날 문득 줄을 놓친 그가
참을 수 없는 웃음을 날리듯
과자를 던지고 있네
길고 지루한 무대의 끝을 봐야겠다는 듯이
붉은 엉덩이를 내놓고 춤을 추는
한 마리의 짐승을 향해
나무에서 떨어질 수 없는 운명을 향해
연신 팔매질을 하고 있네

대청호

물이 들기 전
집터가 있던 자리에서
멎어버린 시간처럼

좀처럼 속내를 보여주지 않는
물의 심장을 향해
할머니를 따라 나온 벙어리 소녀
연신 돌팔매질을 하고 있다

텅 빈 호수를 향해
기도하는 자세로 굳어버린
소금기둥 같은 할머니를 가로질러
하늘빛 물이랑 흔들고 있다

유물 속에 갇힌 흑백사진 한 장
하늘로 길어 올리고 있다

말言

치매를 앓는 할머니
알 수 없는 말씀을 내놓으신다
아, 아가… 갸
고개를 끄덕이며 웃는 할아버지
그곳에는
언어의 경계 대신
햇살과 바람이 들어 있다

그대와 나
텅 빈 가슴을 못 견뎌서
말을 한다
돌아서면 잊어버리는
자로 잰 듯 논리 정연한 말
날카롭게 찌르는 예리한 말
때로는 목에 핏대를 올리면서 한다
할수록 허전하여 하고 또 한다

들장미

봄꽃 다 지고
떨어진 꽃잎마저 지워질 무렵
낡은 담벼락을 잡고
갈라진 벽에 입 맞추며
피어나는 사람이 있다
낮은 담장 아래
오목조목 모여든 집
골목에 나와 앉은
빛바랜 노인들의 얼굴을
붉게 물들이는 사람이 있다
물기 머금은
가슴으로
돌부리진 좁은 길도
허물어지는 지붕도
잡아주고 끌어주며
일어서는 사람이 있다

신호등

팔차선 횡단보도 앞에서
빛바랜 유모차 할머니
라면 박스와 신문지 더미를 부여잡고 있다

간간이 기침이 쏟아질 때마다
하루치 노동을 몸처럼 붙들고서
숨죽이며 서 있다

한 때의 젖살 오른 유모차들이
직선으로 흘러가고

언제 꺼질지 모르는 시간의 속삭임을
기다리고 있다

교차로에서

자동차의 속력을 헤아리지 못한 짐승들이
길바닥에 깔려 아스팔트에 스며드는 거리
시속 80km가 안겨준 쾌락에
도로 위에 뭉개진 짐승들을 밟고
언제 켜질지 모르는 신호등을 주시하며
으르렁거리며 서 있는 자동차들

그 앞으로
넘어가는 해를 잡고
느릿느릿 되새김질하듯
걸어가는 할머니

깜빡이는 신호등 아랑곳없이
걸음과 걸음이 호흡하고
아스팔트 바닥 아래 갇힌
매미의 날갯짓마저 토닥이는
바람 같은 발걸음

사방에 서 있던 맹수들은
죽은 듯이 할머니의 발걸음을 보고 있다
신호등이 바뀌어도
아무도 내달리지 못하고 있다

그 사이
직선의 땅이
힘겹게 꿈틀대고 있다

옳은 발

몸보다 먼저 내달리는 발
자동차에 앉은 바쁜 육신을 위해
가속 페달과 브레이크 위에서
분초를 다투는 오른 발

바람 좋은 날에는 노래 장단도 맞추고
길 위에 납작해진 고양이도 지나가는 발
때로 무심히 지나는 노파를
아슬아슬하게 비켜가고
페달을 힘껏 밟으며
보험 증서를 떠올리는 발

육신이 잠들었을 때
홀로 깨어 쥐가 나는 발
욱신거리는 힘줄을 주무르면서
아침이면 다시 바빠지는 발
육신의 죄를 대신 지고
점점 무뎌지는 발

뒷주머니를 더듬다

장롱 옷가지들 속에서
빛바랜 쪽지 하나 떨어진다
언제쯤 메모였을까
이름도 필체도 알 수 없는 글씨가
누런 종이에 구겨진 채 나를 보고 있다
유행을 좇지 못했던 바지 뒷주머니에서
그만큼의 시간을 견뎌온 메모지 한 장

심연의 장롱 속에서
어쩌다 들어온 햇살도
몇 차례의 이사도 겪었을 것이다
아침에 나가 저녁에 들어와서는
쓸모없는 것들은 모두 뒷주머니에 넣고
아무 일 없다는 듯 휘파람 부는 주인을 헤아렸을 것이다
세상에는 온통 앞만 있는 것처럼
앞주머니를 뒤져 세탁기에 집어넣고
앞이 잘 다려진 옷을 걸어놓는 손을
숨죽이며 보고 있었을 것이다

문득 내 앞에 떨어진 메모 한 장
펼쳐 본다

지금 뭐하고 있어?

석류

우리 아파트 1층에는
혼자 사는 아저씨가 있다
군대에서 아들을 잃었다는 소문도 있고
원래부터 혼자 살았다는 말도 있지만
일 없는 날에는 현관에 나와
같은 동 주민들을 붙잡고
말을 건네는 게 일이다

작년에는
묘목시장에서 구했다며
아파트 현관 옆 작은 텃밭에
나무를 심어놓고
거름도 주고 가지치기도 하더니
흙을 자루 채 가져와
봉숭아 채송화를 심고
들고양이 집까지 지어준다
비실한 나무가
한두 해 푸른 잎을 내밀다가
올해는 점점이 붉은 열매를 맺었다

아저씨가 보이면 늘 그렇듯
못 본 척 뛰는 걸음으로

현관을 지나는 내게
새댁 들어봐요
손에 붉은 열매를 안겨 준다

잘못 받은 선물처럼 구석에 두었다가
오늘은 마음 먹고 도마 위에 올려놓는다
붉은 살을 찢었을 때
박을 타던 흥부의 눈물처럼
붉게 맺힌 것들이 와르르 쏟아진다

봉숭아 채송화 향기와
들고양이 새끼들의 울음과
노동의 땀방울이
알알이 맺혀 한집을 이루고 있었다

사슬

투박하게 보이지만 손이 깔끔하고
애들 입맛도 잘 헤아리는 그녀
내 아이들은 낯선 아줌마가 해준 음식을 먹고
그녀의 노동으로 깨끗한 옷을 입는다

나는 아침에 나가 저녁 늦게까지
아이들을 가르친다
입시를 위해 비용을 지불한 아이들이
끼니도 거른 채 앉아 있으면
모성을 품은 손으로
안아 주곤 했다

그녀의 집은 낮은 골목
그 곡절曲折의 끝에서
어린아이가 늙은 노인에게 안겨
우는 것을 본 적이 있다
아이를 받은 그녀가
힘없이 늘어진 가로등처럼 집으로 간다

내가 받은 돈보다
더 값싼 노동의 대가가 그녀에게 지불된다
아이들에게 건네는 미소와 정다운 손길도 포함된 가격이다

그녀가 받은 돈보다
더 값싼 노동의 대가가 노인에게 지불된다
대부분은 약값으로 나갈 것이다

우리의 어머니가
노동의 가치로 교환될 때
연대의 힘은 견고해진다

뫼비우스의 띠

웃을 때마다 아이의 눈가에 햇살이 부서졌다
볼록한 가슴 아래 제법 처녀티가 묻어나지만
아직 세상을 모르는 열다섯 살
맞벌이하는 엄마와 아빠가 돌아오기 전
어린 동생 밥을 차려주면서도
봄날 피어오른 벚꽃처럼
눈부시게 웃는 아이

같은 연립주택 지하에
굴 속 같은 단칸방
홀로 사는 남자는
아이의 웃음을 쫓아다녔다
시커먼 손톱으로
아이의 등을 쓸어주며
기울어가는 폐가처럼 웃던 남자

그가 손수 사줬다는
비싼 운동화며 짧은 반바지가
의심스러워
그의 행적을 면밀히 살피고
경찰서에 전화를 하고
경찰도 못 믿는다며 전전긍긍했다

일이 생기면 사람들은 그를 먼저 의심했다
아이도 그를 피해 다녔다

한동안 그가 나타나지 않았다
불길한 고요 속에서
안도의 한숨을 쉬고 있을 때
죽은 지 언제인지도 모를
시신 한 구가 지하에서 끌려 나왔다
따뜻한 눈길 한 번 받지 못하다가
비로소 죽음으로써
낮 뜨거운 햇빛을 온몸으로 맞고 있었다
지하에 두꺼운 못을 박으면서 우리는
한 생애의 흔적마저 폐쇄해버렸다

그 여름의 일기

지루한 장마가 이어지는 여름
딸아이가 곧잘 울면서 집에 온다
같은 반 남자아이가 괴롭힌다는 것이다
며칠 아이의 눈물을 보자
홍수처럼 밀려온 괘씸함에
학교에 전화를 하고
마음이 놓이지 않아
딸아이를 앞세우고 그 애 집에 갔다
그늘 진 마당에 널어놓은
낡은 옷가지들처럼
우두커니 앉아 있는 집
마루에 홀로 앉아 있는 아이에게
엄마는 어디 계시냐 물어도
먼 하늘만 보고 있다

그 여름에는
집 앞에 내놓은 책과 박스들이
며칠 새로 말끔히 치워지기도 했다
장마가 그치고 하늘이 높아지던 어느 날
딸아이가 문집을 들고 왔다
무심코 받아 넘겨보는데
그 아이 이름이 눈에 띈다

무슨 글을 썼을까

걔는 엄마 아빠가 없어서
할머니랑 둘이 살아
글도 안 써와서 혼자 남아서 썼어
무심한 딸아이의 말을 넘기듯
책장을 넘긴다
혼자 남아 글을 썼다는
아이의 글은 세 줄이다

제목 : 할머니
우리 할머니는 박스를 판다
할머니는 팔이 아프다면서 밥을 한다
할머니가 불쌍하다

투명인간

바람도 아니었다
지나간 자리는 먼지보다 작은 흔적만 남았다
어쩌다 보면 푸른 옷을
그림자처럼 걸치고
지하 1층에서 지상 25층까지
엘리베이터 안에서
계단에서
철수세미와 대걸레가
바닥을 닦고 있을 뿐이었다
우리가 알 수 있는 건
말끔한 계단을 흙발로 지나가도
그 자리가 다시 환해진다는 것

그녀가 언제 오는지
한겨울 지하 계단에 웅크리고 앉아
도시락을 먹던 그림자가 그녀였는지
관리비 명세서에 표시나지 않는
천원 단위의 돈이 계산되는 게
과연 그녀가 받아가는 한 달 치 월급이었는지

아무도 그녀를 모른다
우리가 아는 건
그녀도 우리를 알지 못한다는 것

3부

궁남지*에서

옴폭 들어간 연잎 배꼽
이슬방울 하나 오롯이 맺혀 있다
온몸 가득
새벽 하늘을 이고
연잎 깊숙이 몸 담그고 있다

그 많은 이슬 중에
너 하나가
내 안으로 들어와서

바람에 흔들리고
아침 햇살에 사라져갈지라도
지금 이 순간
너와 나 가슴 맞대고
하늘빛으로 물들고 있다

* 충남 부여군 부여읍. 백제 무왕 때 만든 연못.

내게 순간이란

그대와 마주 앉아
만면 웃음 너머로 실려 오는 잔잔한 이야기 같은 것이다
채 마르지 않은 머리칼 위로 소소한 바람이 불어와
코끝으로 비누냄새 스치는 날숨 같은 것이다
가벼운 일상이 아무렇지도 않게 지나갈 때
문득 이 시간들을 잡고 싶은 것이다
그대 머리 위로 이팝꽃이 하늘거린다
긴 겨울을 달려와
온몸을 다해 피워내는
저 봄꽃 같은 것이다
그대가 잠시 내게 온 것이다

봄똥

겨울이 몸을 낮추고 앉은 문창시장*
모퉁이를 돌아가면
나무껍질처럼 갈라진 손으로
새벽을 밀어 올리는 할머니가 있어
골목은 환해지는 것인데
오늘도 연신 마른기침 내뱉으며 앉아 있다
환장혈 놈의 지침이 겨울 내 가시지를 않어
오늘은 식전부텀 마당에 나왔드니
이놈들이 납작 엎드려 있네
찬 디서 크느라고 어지간이 힘썼을 것이여
하나도 안 억셔
입에 달어
흙물 든 손으로 푸른 잎을 쓰다듬는다
한 겨울 오체투지로
혹한을 온몸으로 안고 견딘 것들이
드디어는 달고 고소한 살이 되어
푸른 잎으로 살아났다
할머니 봄동 주세요
새댁 뭐?
봄동요
봄똥

울컥
목이 메인다

* 대전시 동구 문창동에 있는 시장.

묘목

큰 은행나무 아래
총총히 자란 새끼 나무들
솎아줄 겸
몇 그루 뽑아왔네

옥상에 심어놓으니
엄마 품에서 떨어져
낯선 집에 발 들이지 못하고
엄마 젖가슴 묻은 흙에
얼굴 수그리고 있네

날은 저물고
어둠은 내리는데
집으로 돌아가겠다고
뿌리 내리지 않겠다고
며칠이 지나도록
문밖만 쳐다보고 있더니

오늘은
저희들끼리 얼굴 맞대고
가느다란 잎새를 부비고 있네
기다려도 오지 않는

엄마를 애써 잊으며
낯설고 두려운 땅에
살살 뿌리 내리고 있네

이명耳鳴

그가 운다 밤새
어디인지도 모를
어둠 저편에서
가느다랗게 숨죽이며 운다
나는 울음의 끈을 따라 걷는다
길 없는 길을 헤매다
손끝에 닿는 그의 어깨를
가만가만 토닥인다
네 집을 찾아 가렴
간간이 들리던 울음이 잦아들 즈음
새벽이 올라온다
그는 무사히 돌아갔는가

공동주택

한 칸이라도 더 만들기 위해
빈틈없는 직사각형이 빼곡한
아파트 주차장
일층 할머니
텃밭에서 딴 고추를 넌다고
한 칸을 가을 고추로 덮었다
주차장 가운데 홀로 붉은 섬 하나
신기하게 보고 있는데

고추를 다듬는 할머니 옆에
참새 몇 마리 날아와 고추씨를 먹는다
참새 구경에 신난 아이들이 올망졸망 모여 앉는다
햇살도 놀러와 돌아갈 생각이 없다
팔월의 하루, 아파트 앞마당이 소란하다

인큐베이터 호박

껍질처럼 붙은 비닐을
생살 가르듯 벗겨내고
울퉁불퉁한 데 하나 없이
매끈하고 기다란 호박을 썬다

규격화된 비닐 속에서
차차 몸이 커지다가
이게 아닌데
이게 아니야
몸부림치고 울부짖다가
팔다리 꺾이는 고통 속에서
참담히 무너졌을 것이다
햇살과 바람이 이끄는 대로
속살 키울 새도 없이
대량으로 찍어낸 복제 비닐 안에서
딱딱하게 굳어졌을 것이다

외부인은 함부로 출입할 수 없는
직각으로 닫힌 아파트
도마 위에 놓인 호박을 썬다
햇살도 구부러져 들어오는
주방에 서서

제 살을 잃고 기형이 된 호박을 썬다
완벽한 보호를 보장하는 아파트 안에서
나는 영혼 없는 호박을 먹고
바람도 함부로 출입할 수 없는
직각의 상자 안에서
몸 맞추며 살고 있다

맷돌

욕쟁이 할머니와 벙어리 할아버지가
마주앉아 돌린다
알맹이도 쭉정이도
한 몸 되어 나온다.
암돌 위에
숫돌이 마주 앉아
찰그덕 찰그덕 돌아간다

너의 눈물이 나의 눈물이다
너의 웃음이 나의 웃음이다

모난 돌부리도
서슬 퍼렇게 날선 녹도
부대낀 가슴으로 닳고 닳아
이제는 손만 마주잡아도
바람이 밀고 햇살이 당겨
살근살근 돌아간다
돌아라
돌아라, 맷돌이여

하행

목포행 무궁화호에 앉아
눈을 감으면
반들반들 때가 낀 의자에서는
땀 냄새 사람 냄새가 난다
이따금씩 들려오는 아이의 울음소리
그렁이며 잠든 곤한 얼굴도
느린 기차에 싣고
어우러져 가고 있다

때로 몸 뒤틀며
시름 깊은 의자
잠 못 드는 등을
토닥이며 가는 기차
아이 울음도 끄덕이며 졸고
창 너머 모여 앉은 마을도
들어와 앉아 있다
무수한 사연들로 닳은 의자
오래된 이야기 속에
몸을 누이고 잠이 든다

진악산* 이야기

— 임희재와 극본 '아씨'에 대하여

오랜 옛날 마을이 있기 전부터
이야기가 있었단다
이야기를 먹고 자란 반딧불들이
이야기를 낳고 낳아서
마을 아이들을 불러 나눠주었단다
이야기를 가슴에 품고 자란 아이가 있었지
전쟁이 지나간 잿더미 마을 위에
이야기 보따리를 풀었단다
마구마구 풀려나오는 이야기들은
적막한 시골 마을에
어두운 도시 골목에
이 마을 저 마을
전국방방곡곡으로 퍼져갔단다

표정을 잃은 청년도
마른 논 물꼬 싸움하던 아저씨도
아랫집 봉사 아줌마도
이야기 속에 모여 앉았다가
돈에 눈 먼 남자가 아씨를 울리면
그네들은 다 같이 울었다지
서로서로 부끄러워하며

끄덕이곤 했다지

하늘의 별이 내려 앉아
같이 조는지도 모르고
밤늦도록 이야기를 안고 있었다지
그 이야기 속에
우리 모두가 있었다지
가난한 가슴들이 총총 별이 되고 있었다지

* 충남 금산군 남이면 성곡리, 극작가 임희재가 태어난 마을에 있는 산.

쉼표

한 겨울 좌판에 쪼그리고 앉아
떨리는 손으로 밥을 먹는 할머니
팔리지 않는 사과 트럭에 앉아
밥 먹는 아들을 바라보는 아버지의 얼굴
저 쓸쓸하고도 지극한 풍경

경배

소한小寒
남매탑* 옆
소복한 눈을 털어내고
단정히 앉은 노인
작은 배낭을 풀러
보온병에 담아온
밥과 국 뚜껑을 연다

낡은 의자에 홀로 앉아
하늘을 바라보더니
천천히 밥을 뜬다
눈은 하릴없이 내려
낡은 옷가지를 덮어주는데
합장하듯 든 밥술로
고단한 생을 여미듯
한 술 한 술
정성껏 뜨고 있다

* 충남 공주시 반포면 계룡산에 위치한 탑.

재활용

이삿짐을 싸며
책들을 정리하기로 했다
영하로 떨어진 겨울 아침
집 앞에 책을 내놓는데
구부정한 허리를 낮추며
주워 담는 손이 있다
정성껏 생업을 여미는
거칠고 주름진 손
리어카 한 가득 담아도
몇 푼 안 되는 폐지를
끈으로 단단히 묶고
무거운 한 생애를 메고 가듯
경사진 길을 올라간다

집 안 가득 책을 쌓아놓고
삶의 밑줄 하나 찾아내지 못한
내 민낯을 밟고
고단하게 정직한 노동이 가고 있다

폐물이 될 낡은 지식이
오늘 저녁 그 집에서
따뜻한 밥으로 태어날 것이다

집

오백 년 살았다는 은행나무가 있지
켜켜이 쌓인 세월 동안
풍년을 비는 제사를 지내고
나그네의 그늘이 되고
마을 사람들의 사랑방도 되었겠지
이제는 찾는 이도 없건만
커갈수록
몸통을 널찍하게 열어서
길 잃은 고양이가 살다가고
다람쥐가 새끼를 치고
이끼가 자라고 있네
살을 키우는 대신
몸을 비워서
집이 된 나무
그 집에 들어가 앉아 있었네
아늑한 평화가 나를 둘렀네

엘리베이터꽃

수직의 문이 열리자
낯선 남자 서넛이 우르르 들어온다
본능적으로 CCTV를 확인하고 그들을 훑어본다
들꽃재활학교
가슴마다 표찰들이 어설피 매달려 있다

아영…하세요오
흠칫 놀라는 내 등뒤로
어눌한 발음들이 연이어 터져나온다
아영…하세요오
아영…하세요오
굳게 잠긴 내 입술은
좀처럼 열리지 않는데

드디어 문이 열린다
다급히 내리는 등뒤로
아영히… 가세요오
돌림 노래하듯
다시 열리는 꽃들의 합창
문 닫히는 소리에
등이 뜨거운 엘리베이터

현수막

새벽 시내버스에서 내린 사내가
교차로에 현수막을 건다
어깨에 매달린 식솔들의 무게만큼
가로수에 단단히 끈을 맨다

나른한 오후
얇은 장바구니를 들고 가던 아낙
한참을 서서 들여다보더니
전화번호를 적어둔다

날 저물자
노란 조끼를 입은 노인들이
사위어가는 생을 잡아채듯
거친 손으로 천을 걷어낸다

가로등 빛이 희미한 밤
현수막 조각이 붙은 나무를 짚고
젊은 청춘은 입맞춤을 한다

2014년 밤 10시

학원에서 나온 아이들이
거친 물살처럼 쏟아지는 거리
마법에 걸린 빌딩 속에는
사무원들이 흰 눈을 번뜩이며 앉아 있다
가쁘게 숨 쉬는 네온사인 뒤로
사람들은 적당히 취하고
뒤엉켜 어딘가로 흘러간다

노동과
경쟁과
소비가
없다면
우리는 무엇을 하고 있을까

꺼지지 못하는 전구처럼
공부를 하고 일을 하고 다시
무엇을 해야만 하는
몸이 부서져도 멈추지 못하는
목마른 사랑
채워지지 않는 욕망이 없다면
우리는 무엇을 하고 있을까

4부

설원을 향하여

느슨해진 진동에 눈을 떴을 때
차는 강원도 앞에서 서성이고 있었다
창밖에는 연신 눈이 내리고
몸 안의 열기는 점점 달아오른다
저 멀리 눈보라에 갇힌 산
폭설이 내리는 산으로
나는 가고 있다

무릎까지 빠지는 눈길
너를 향해 걸어간다
내 안의 뜨거움을 삭이기 위해
네 차가운 심장을 향해 간다
폭설에 발이 묶여
세상 밖으로 나오지 않아도 된다

중심으로 들어갈수록
산은 고요해지고
발걸음은 더뎌진다
설원의 중심에서
나는 그만 무릎을 꿇는다

내가 너와 맞닿아 있었음을

눈부신 설원의 중심은 뜨거움이었음을
발을 떼지 못한 채
눈꽃으로 피어난 너에게 입을 맞춘다

그 밥에 대한 설說

1
할머니가 부뚜막에 떠놓은 한 주발의 물
호기심을 이기지 못한 아이가
살그머니 들어가
홀짝 마셔버렸다
금기禁忌에 손 대면
세상이 무너질 줄 알았는데
아무 일도 일어나지 않았다
문을 열기만 하면
환한 마당이 있었으나
아이는 알지 못했다
영영 부엌문을 열지 못한다는 것을

2
엄마 밥 줘
여보 밥 줘
밥 줘 밥
이십 년이 넘도록
문을 열지 못했다
부뚜막에 앉아 아이들을 가르치고
부뚜막에 앉아 시를 쓰고
부뚜막에 앉아 자유를 부르짖었다

조왕신도 울고 갈 정도였으니
한 손에는 자물쇠를 들고
다른 손에는 열쇠를 들고
치열하게 싸우던 그녀
오늘 오후에는
문틈으로 들어온 햇살을 잡고
지친 병사처럼
부뚜막 귀퉁이에 앉아 졸고 있다

어우리*

강원도 홍천군 내촌면 물걸리 132번지 김판순씨 오이로 냉채를 하고
전남 순천시 추암면 백록길 46번지 오성길씨 호박잎으로 쌈을 만들고
충북 옥천군 동이면 금암리 27번지 이정자씨 가지로 가지찜을 한다
팔도가 모인 식탁에는 흙냄새가 난다

강원도 홍천군 내촌면 물걸리 132번지 김판순씨 오이는 봄에
전남 순천시 추암면 백록길 46번지 오성길씨 호박잎은 늦봄에
충북 옥천군 동이면 금암리 27번지 이정자씨 가지는 이른 여름에
약속하여 같이 심고 거둔 너와 나의 살림이다

* 일정한 계약 아래 여럿이 일을 함께 하고 거기에서 발생하는 이익이나 생산물을 서로 나누어 가짐.

풀을 먹다

들에 소를 놓고
소가 풀을 먹는 동안
엄마는 아기에게 젖을 물린다
풀밭에 엎드려 소가 쉬는 동안
아기는 엄마 젖가슴에 얼굴을 묻고 잠이 든다
뭇 생명을 먹이고
땅을 적시어
숲을 만드는
풀
세상을 먹이는
대지의 어머니

현암사*

파르르 꽃잎이 떠는 사월
현암사 가는 길
눈도 함께 내린다
오랜 절 아궁이에선 연신 불길이 솟는다
밥과 국을 받아 뜨락에 앉았는데
뜨거운 김 나는 밥술에
꽃잎이 앉았다
흰눈이 앉았다

낡은 아궁이가 내준 밥과 국들이
꽃잎으로 모여든 사람들을 데워준다
저 따스함이 없다면 봄이 오겠느냐
눈도 그것이 그리워 다시 오지 않았느냐

* 충북 청주시 서원구 현도면에 위치한 벼랑 위에 매달린 구룡산 절.

화사花死

밤에는
호르몬이 넘쳐나는 십대처럼
마구 내달릴 수 있다
꽃잎이 날리는 사월의 밤
육중한 자동차는
바람의 순결한 처녀막을 찢고
어둠을 가로질러 달려 나간다

꽃잎들과 엉겨붙어
전조등을 덮은 밤벌레들
손을 떨며 닦아내던
찌꺼기 같은 죄 의식마저
속력의 유혹 속으로 사라지고

이제 벌레 울음소리는 들리지 않는다
빛으로 달려드는
환한 꽃잎들의 아우성만 보일 뿐이다

포도가 열릴 때

삼월의 시골 장터 귀퉁이
냇가 다리 위에는
벌거벗은 나무들이 누워 있었다
뿌리를 흙으로 동여매고
십자가처럼 서 있는 포도나무
달고 단단한 포도가 열릴 것이라는
나무장수의 달콤한 말에
은전 삼십에 예수를 판 유다처럼
단돈 삼만 원에 나무를 사버렸다

제 땅에서 강제로 뽑혀 나와
쥐어짜도 물 한 방울 나올 것 같지 않던
단단하고 마른 뿌리를
도시의 낡은 건물 옥상에 함지박까지 끌어와
의심의 흙으로 묻어 두었다

삼월의 바람이 잦아들고
햇살 내리던 어느 아침
마른 가지에서 싹이 트더니
잎사귀가 돋는다

긴 가뭄과

몰아치는 폭풍이
기다림과 가슴앓이처럼 지나가고
얼굴 부비면서 굵어가는 알갱이들
큰비와 바람에 몇은 나뒹굴며
초록의 눈물을 떨구기도 하더니
잎사귀 뒤에서 몰래 키우는 그리움처럼
뜨거울수록 단단해지는 기다림처럼
가을 햇살 속에서 여문
저 포도
붉다

참나무

아픈 연기를 내뿜더니
불이 붙기 시작하자
나무는
온몸으로 타오른다
허공으로 흩어지는
생의 파편들은
어둠 속으로 사라지고
찬란한 여름날의 기억
한 겨울 서러운 날들을 안고
마지막 남은 힘을 다하여
한 생애를 불사르고 있다

갈라지고 터진 몸으로
산짐승을 거두고
뭇 생명을 품더니
이제
다한 세월을 안고
티끌마저 사그라져
드디어
나무我無가 된다
참
나무가 된다

수묵水墨

너에게 가는 길은
잠잠히
너를 향해 스미는 것

종이 표면에 닿은
한 점 먹黄이
바닥에서 잠시
머뭇대다가
금지禁止의 땅을 품고서
점점 투명해지는 것

너를 향한
기나긴 기다림으로
내가 풍경이 되는 것

상좌불相座佛

속리산 오르다가
바위에 뿌리 내리고 앉은
소나무를 보았네
몸통을 얹힌 바위에게
힘들지 않느냐 물으니
바위는 대답 대신 넌지시 웃어주었네
가까이 다가가 보니
나무뿌리가 바위를 잡아주고 있었네

서로 부대끼고 살다보니
뿌리가 바위가 되고
바위가 뿌리가 되어
한 몸으로 자라고 있었네

은행나무

우리는 큰 나무 앞에서 고개를 들어올리고
뻗어나간 가지와 잎들을 보고 탄성을 지르지
그러다 고약한 은행 냄새에 고개를 돌리면서
고작 손톱만한 노란 열매가 지독하다고
발을 빼고 줄행랑을 치지

천년의 세월을 견디게 한 것은
알알이 품고 있는 냄새라는 걸
한 알의 씨앗이
싹을 틔우고 갈라지고 뻗어나가
하늘을 향해 치달을 때
지독한 향을 품은 알들이
몸을 지켜내고 있다는 것을
위만 바라보는 우리는 모르지
구부러진 몸통에
굴곡진 이끼를 두르고
지독한 세월의 무게를 품고 있는 나무를

은골 그녀네 집

구불구불 숲길을 돌아가면
길 끄트머리
낮은 담장으로
아늑한 대청호를 바라보고 있는 집
나무 대문을 열면
뜰에서 졸던 늙은 개 한 마리가
귀를 쫑긋 세우고 바라보는 집
앳되고 투박한 그녀가 밥을 파는 집
마루에 걸린 할머니의 밥 짓는 사진과 닮은 그녀
아담한 사랑방 창문을 열고
담장 아래 모여 앉은 꽃을 보고 있으면
쟁반을 들고 마당을 가로질러
달그락달그락 그녀가 온다
민물 새우가 그득한 매운탕과
쓴나물무침, 가지볶음, 묵은지볶음, 비름나물, 묵무침을
한 가득 안고 온다
할머니의 손맛을 닮은 찬과 탕에는
대청호 바람 소리가 난다
나는 그녀가 말하는 소리를 들어보지 못했다
먼저 웃는 일도 없었다
이곳에서 혼자 무섭지 않냐고
걱정하는 말에 대답도 없다

>

오늘은 비가 와서 손님이 없다
대문을 열고 들어서자
마루에 앉은 그녀가
뜰에 앉은 개 등덜미에
손을 떨어뜨린 채
같이 졸고 있다
사진 속 할머니도 밥 짓던 손을 내려놓고
조을고 계신다
나는 살그머니 문을 닫고 나온다

명랑 핫도그

우리 동네에 핫도그집이 생겼다
겉은 바삭하고 속은 쫄깃한 핫도그
어릴 적 먹던 핫도그를 떠올리며
번호표를 받고 줄을 선다
핫도그집이 생기기 전에는
한지 포장으로 고객을 모으던
맞은편 단팥빵집을 다녔다
지난달에는
프랜차이즈 빵집에도 굴하지 않고 버텼던
우리 동네 대표 빵집이 문을 닫았다

핫도그를 먹으며
열리고 닫히는 문들을 바라본다
사람들의 발길이 뜸해진 단팥빵집
유명 배우 현수막을 세운 프랜차이즈 빵집
커피를 덤으로 주는 케익집
기억도 희미해진 샌드위치집
한집 건너 한집
빵집들이 줄지어 서 있다

사람들은 빵 봉지를 들고
언제 바뀔지 모르는

간판들 사이를 걷는다
핫도그를 먹던 핸드폰 가게 사장
빈 상가 앞에 주차하는
간판 트럭을 보고 있다
애써 불안을 감추며
핫도그를 명랑하게 삼키고 있다

저잣거리 예수

상가들이 즐비한 길가
불법 주차한 승합차 앞에서
한 남자가 십자가 띠를 두르고
예수 구원 천국을 외치고 있다
승합차 안 노래방 기계에서는
찬송가가 유행가처럼 흘러나온다
음식점 개업 이벤트 쇼와
과일 가게 할인 행사에 뒤섞여
질질 끌려나온 예수는
구원 할인제품이 되었다가
천국 이벤트 쇼가 되더니
파장에는 헐값에 팔려나간다

얼마 전에는
한적한 시골에 갔다가
녹슨 간판에 매달린 예수를 본 적이 있다
영생 기도원에서 그는
병을 낫게 해주는 기적의 약으로
오랜 앵벌이가 되어 있었다

그 옛날 저잣거리에서
가난한 사람에게 손을 내밀고

아픈 소녀를 위해 기도하던
낮은 땅의 구원자
로마의 학정에 저항하던
불온한 혁명가 예수는

이천 년이 지난 지금
영혼마저 발가벗겨진 채
교인 수를 늘리기 위한 미끼 상품으로
천국 이벤트 쇼를 하는 내레이터 모델로
저잣거리 곳곳으로 끌려나와 피 흘리고 있다

비둘기 집

이 아파트 입주민은
사람들의 부러움을 먹고 산다
다른 곳에 비해 비싼 분양가에
몇 달 새 뛰어오른 아파트값이
시급노동자 몇 년 치 월급을 비웃는다
아파트를 팔까 말까
은행 대출 이자와 세금과
투자 가치 사이에서
저울질하고
흠도 없는 외벽에
페인트칠을 새로 하랴
삼삼오오 모여 집값 담합하랴
아파트 주민들은 쉴 새가 없다
인공 정원과 인공 폭포를 보고도
행복할 겨를도 없다
생각이 너무 많아
잠 못 드는 밤이 점점 길어진다

며칠 전부터
창밖 에어컨 실외기 뒤에
비둘기가 둥지를 틀었다
신기하여 종종 보곤 하는데

오늘은 아침부터
비둘기가 움직이지 않는다
자세히 살펴보니
알을 품고 있다
한 뼘 제 몸만큼 집을 짓고
새 새끼를 맞이하고 있는 비둘기
아파트값을 셈할 일도
은행 이자 걱정도 없는
세상에서 제일 비싼 집

누구도 편히 잠들지 못하는
불면의 숲에
뭇 짐승 한 마리
한데서 집을 짓고 앉아
새 생명을 탄생시키고 있다
태초의 평화가 깃든 집
그 집에 눕고 싶다

자동차 모터쇼

축제가 시작되자
제단에 오색 불이 켜진다
금띠를 두른 여인들이 춤을 추고
불빛은 더욱 찬란해진다
기쁨으로 가득 찬 군중들의 환호 속으로
하늘에서 그가 내려온다
군중들은 일제히 신음한다
여인들이 그의 몸에 매달려 춤을 출 때마다
넋을 잃은 군중들은 탄성을 지르고
그의 몸은 제단 위로 올려진다
내일 아침 태양은
새로운 사랑을 위해 떠오를 것이다
사랑에 빠진 그대들은
최저임금으로 계산된 노동의 대가로
빠듯한 할부금과 이자를 내고
기꺼이 그의 몸을 가질 것이다
노동으로 소진된 몸을 팔아서
새 사랑의 힘으로 충만할 것이다
신들의 축제는 아침을 모른다
태양조차 눈 뜰 수 없다

은밀한 오후

한 겨울 제주 둘레길을 걸었네
어느 사이 인적 없는 곳을 걷고 있었지
목은 마르고
발밑에는 초록 무밭이 넘실넘실 춤추고 있었네
나는 그만
햇푸른 무밭에 손을 넣고 말았네
피처럼 묻어나는 보드라운 흙을 털고
살갗을 벗겨내자 하얀 속살이 드러났지
달려들 듯이 한 움큼 베어 물었네
입안에서 아우성치는 처녀의 몸
눈 감은 태양 뒤로 앉아
그 달콤함에 눈물 훔치며
몰래몰래 우물거리고 있었네

해설

연민 또는 연대의 서정

— 이 시대의 따뜻한 시

조재훈 시인 · 공주대학교 명예교수

연민 또는 연대의 서정
— 이 시대의 따뜻한 시

조재훈 시인 · 공주대학교 명예교수

1.

안지순은 금산이 낳은 시인이다. 산수가 곱고 유서가 깊은 이 고장의 얼을 담고 있다. 금산은 굽이굽이 금강이 감돌아 땅이 비옥하다. 좌도 농악이라 불리는 풍물두레가 일찍이 발달하여 그 고유한 두레 문화가 지금까지 전해오고 있다. 그런가 하면 서원이 많다. 선비의 그윽한 향이 서려 있다.

국난에 처할 때마다 의기를 보여준 역사의 묵묵한 흐름도 가득하다. 임진왜란 때 목숨 걸고 싸운 조헌, 영규대사 등 순정한 칠백여 명의 혼을 모신 칠백의총은 그 상징이다. 그 뒤 척양척왜 및 부패한 관료와 싸우다 장렬하게 산화한 을미(1895), 음 1월 24일의 농민 2차 봉기 동학전쟁 최후의 전적이 금산 한덕산(대둔산)에 있다. 태생이 금산은 아니지만 이곳의 관직을 가졌던 아버지를 모신 길재의 선비정신도 은은히 풍긴다.

그런 속에서 태어난 것이 좌도문학동인회다. 안 시인은 이 모임에 2006년에 들어가 그곳에서만 시작 활동을 해왔다. 좌도문학 동인의 특성은 어디에 유혹되지 않고 문학(시)의 길만을 걷는다는 것이다. 향토의 향기가 가득 무르녹아 있는 것은 그 때문이다. 전주나 대전이 근접해 있어도 그 움직임과는 아랑곳없이 오로지 문학의 정도만 걸어가는 모습이 훌륭하다. 무슨 어설픈 모더니즘의 흉내가 없다. 매 호마다 둘레의 현실을 주제로 하여 공동의 시를 발표하는 애향심은 자기 심화의 길이기도 하다. 그러기에 탄탄한 실력을 보여준다.

안 시인의 이번 시 모음도 그런 궤도의 탄생이다. 당당한 활동에 거듭 박수를 보낸다.

2.

4부의 시 전편을 두세 번 내 나름으로는 정신을 집중하여 읽었다. 전체의 느낌은 좀 어둡고 시인의 가난한 유년체험이 중심을 이루고 있다는 것이었다. 거기에 사회적 약자들에 대한 끝없는 연민이 바탕을 이루고 있었다.

그러한 연민은 사물이나 동식물한테도 이입되어 잔잔한 감동을 갖게 했다. 절대로 지적 거리를 두어 냉담하지 않고 그것을 마음으로 보듬는 따뜻함이 다가왔다. 그러면서 상호간 서로 분리되어 있는 것이 아니라 통합되어 있다는 연대의식이 숨어 있다. 그러한 사실을 그의 몇 작품을 통해 살펴보려고 한다.

단장취의斷章取義라는 말이 있다. 남조 때 유협劉勰의 『문심조룡文心雕龍』에 처음 보이는 말이다. 그것은 필요한 부분만 잘라 그 의미를 취한다는 뜻을 가진다. 방대하고 심오한

것을 접근할 때 어쩔 수 없는 방법이다. 그러나 이것은 미리 연역을 해놓고 이해하는 아전인수의 오류에 빠진다. 그 대상이 예술성을 갖는 작품일 때 엉뚱하게 이해될 가능성이 크다. 시의 경우도 마찬가지다. 단장취의를 피하는 이유이다.

3.

이 짧은 글에서는 4부에서 한 편씩을 골라 그 전부를 통해 이야기를 전개하도록 하려고 한다. 한 편을 선택하는 것도 편견이 따르는 일이지마는 이 글의 목표가 시인 안지순의 시를 이해하는 것이기 때문에 가장 무난하다는 판단이다.

봇짐 이고 걸어가는 할머니 뒤를
앞서거니 뒤서거니 철쭉이 따라가고
펄렁이는 옷깃에
청보리 물결치는 의총리

그만큼 떨어져서
조팝꽃 조르르 몰려들고
그만큼 떨어져서
진달래 꽃무덤 묻어가고

십리장등 빛 따라
바람 같은 걸음 따라

묻어놓은 서러움도
몸 풀고 쉬어 가는 길

그리움도 무더기 꽃무더기
양팔 벌려 모여드는 의총리
사람도 그만큼만 그리워해라
가만가만 꽃처럼 피고 지어라
—「의총리 가는 길」 전문

안지순 시인의 시가 거의 그렇듯이 첫 1부도 '어머니, 큰어머니, 고모, 당숙, 식구들' 등의 인정이 넘치는 이야기로 가득하다.

구수한 인정을 바탕으로 하면서도 객관적 거리를 두어 노래하고 있는 작품이 「의총리 가는 길」이다. 의총은 임진왜란 당시 왜군과 싸우다 산화한 칠백여 명의 커다란 무덤이다. 보통의 경우는 격앙된 어조로 웅변이 나올 법한데 전혀 그렇지 않다.

속의 깊은 정을 '봇짐 이고 걸어가는 할머니'의 정경으로 풀어가고 있는 것이다. 고단하게 사는 서민의 삶을 압축하는 '봇짐 진 할머니'는 우리 '조선'의 상징이다. 그 '할머니'의 뒤를 '앞서거니 뒤서거니'에 '철쭉'이 따라간다. 철쭉은 살아남은 민초의 상관물이다. 펄렁이는 옷깃은 그런 접근을 뒷받침한다. 그 다음에 오는 '청보리', 곧 백성의 물결과 자연스럽게 겹쳐진다.

그 다음 연의 '조팝꽃'이 '조르르 몰려들고', '진달래'의 '꽃무덤'이 더불어 묻어가는 심상을 통해 '의총'의 처절한 정신을 은근히 드러내 준다. 되풀이 되는 '그만큼 떨어져서'의 간헐적 반복은 예사롭지 않다. 높은 뜻을 받들어 이어가지만 감히 저기 묻힌 선열은 따를 수 없어 마음만으로 변치 않고 따른다는 뜻으로 읽히기 때문이다.

셋째 연의 '십리장등'은 시인의 각주에 따르면 의총이 있는 마을의 산등성이를 가리키는 이름이다. 마을에서 십리쯤 가는 산등성이로 생각되는데, 장수를 비는 장명등의 그것으로 바뀐 것이 아닌가 싶다. 그 뒤에 붙은 '빛 따라'가 그런 생각을 뒷받침해 준다. 그 의로운 '빛'을 따라 바람 같은 걸음으로 가노라면 무덤 속의 서러움도 잠시 몸을 풀고 쉰다. 이것은 봇짐 머리에 인 우리 조국의 운명에 닿아 있다.

끝 연은 영탄조로, 그러나 그것을 감추고 가만히 기원한다. '꽃무더기'의 칠백 애국지사-'꽃무더기'(꽃무덤), 생전의 힘찬 만세 부르듯 두 팔 높이 들고 모여든다. '가만가만' 꽃처럼 피고지라는 염원에 이 시는 머문다. 차분하게 가라앉아 있지만 그만큼 감동을 주는 시다. 이 시인의 건강한 시정신과 그것을 형상화하는 시적 기량의 성숙을 보여준다.

큰 나무 아래 허공에 떠 있는 벌레가 있다
보일 듯 말 듯 가는 줄에 매달려
온몸으로 발버둥쳐도
한 뼘도 오르지 못하는 벌레 한 마리
장난기 돋친 손가락으로
가느다란 줄을 흔들어 본다
끊어질 듯 힘없이 흔들리는 줄

밥줄을 흔드는 손이 있다
높은 곳에 앉아
여유로운 미소를 짓는 그들이
자본이라는 마법을 걸어
손가락 하나로 가볍게 흔드는 줄
그 줄에 온몸으로 매달려
몸부림치는 사람들이 있다
손가락 하나만 가볍게 누르면
툭 끊어지는 줄에 내가 매달려 있다.
—「줄 1」 전문

2부는 주로 기계화되고 자본화된 빈부의 양극을 형상화한 시편이 주종을 이룬다. 구두수선공, 수몰 지역 주민, 종이 줍는 할머니, 혼자 사는 아저씨, 치매 앓은 할머니, 청소부 아줌마, 맞벌이 부부 등등이 그렇다. 시인의 의롭고 따듯한 시선이 잘 드러난다.

이 속에서 고른 「줄 1」은 뭐 뛰어난 시라 하기에는 좀 그렇다. 그러나 거미줄에 매달린 벌레에서 자아를 발견하는 그 성찰이 가슴에 와 닿는다. 이 시는 딱 두 연으로 되어 있다. 앞 연은 거미줄에 매달린 벌레, 뒤 연은 밥줄을 흔드는 줄로 바뀐다.

'큰 나무 아래 허공에 떠 있는 벌레', 단순하다면 단순한 이 시의 출발을 보여주는 대목은 범상하지 않다. '큰 나무'는 무엇을 상징하는 걸까, 그 나무 아래 왜 '허공'이 있는 걸까? 어쩌면 '큰 나무'는 우주의 크낙한 질서일까, 아니면 힘을 가진 존재일까. 그 위에 있어야 할 '허공'이 그 아래에 있는 걸 보면 뒤의 것 같기도 하다. '허공'은 글자 그대로 빈 하늘이다. 무슨 도교의 세계나 붓다의 가르침이라고 지레 짐작할 수도 있겠지만 그와는 거리가 멀다. 왜냐하면 나약한 벌레가 누군가의 밥이 되어 걸려 있기 때문이다.

이 시인이 궁극적으로 말하려고 하는 것은 '줄'에 있다. 그 줄에 벌레도 사람도 매어 있다는 것이다. 끊어질 듯 힘없이 흔들리는 줄이지만 약자 중의 약자 '벌레'의 생사를 쥐고 있다.

뒤 연은 선언경 후언지先言景 後言志의 후언지에 해당한다. 앞에 것이 '벌레'라면 그 연장선상에 사람이 있다. 밥줄을 쥐고 있는 보이지 않는 '손', 그것은 '높은 곳'(실은 허공일지도 모른다.)에서 여유로운 미소를 지으며 앉아 있다. 그것은 복수複數인 '자본'이다. '마법'을 가진 현대의 기계이며 물질의 신이다. 하찮은 '손가락 하나만 가볍게 누르면' 그 줄은 툭 끊어진다.

밥줄이 그렇게 끊어지면 매달린 노동의 가족들은 숨을 거둔다. 잔인한 자본의 메커니즘을 고발하고 있는 작품이다.

그대와 마주 앉아
만면 웃음 너머로 실려 오는 잔잔한 이야기 같은 것이다
채 마르지 않은 머리칼 위로 소소한 바람이 불어와
코끝으로 비누냄새 스치는 날숨 같은 것이다
가벼운 일상이 아무렇지도 않게 지나갈 때
문득 이 시간들을 잡고 싶은 것이다
그대 머리 위로 이팝꽃이 하늘거린다
긴 겨울을 달려와

온몸을 다해 피워내는
저 봄꽃 같은 것이다
그대가 잠시 내게 온 것이다.

—「내게 순간이란」 전문

3부의 시 가운데 하나다. 여기에는 가난하지만 따뜻한 시편들이 많다. '봄똥, 하행, 맷돌, 쉼표, 엘리베이터꽃' 등등이 그런 것들이다.

「이명耳鳴」을 고를까 망설이다가 그 고요하고 깨끗한 '밤새, 그대의 울음소리'와 잠시 작별하고 그와 가까운 「내게 순간이란」을 골랐다.

이런저런 삶의 고비를 넘겨, '인제는 돌아와 거울 앞에 선' 시인의 담담한 자아 성찰이 돋보인다. 좀 진술이란 느낌이 들지만, 쓸쓸한 지혜가 적절한 비유로 드러나 있어 세련된 느낌을 준다. 첫 시작이 '그대'다. 생사고락을 함께 한 생의 반려자일 수도 있고 자아의 다른 호칭일 수도 있다. 그 어느 면의 접근도 이 시는 허용한다.

소리 없는 웃음으로 가득한 '잔잔한 이야기' 그것은 시적 화자(여기서는 시인)가 갖는 영원한 순간의 모순형용이다. 그 다음에 이어지는 것은 촉감과 미각을 통한 신선한 이미지들이다. '채 마르지 않은 머리칼', '그 위로 소소한 바람이 불어와', '코끝으로 비누냄새 스치는 날숨' 등이 그것이다. '소소'는 쓸쓸하다는 뜻도 있지만 여기서는 '하찮은, 작은' 등의 의미이며 그 다음 다음 행의 '가벼운 일상'과 연결된다. 그리하여 '문득' 지나칠 수 있는 그 일상의 의미를 소중하다고 깨닫는 것이다. 그때 '그대 머리 위'로 이팝꽃이 하늘거린다.

이팝은 이른 봄에 잎보다 꽃이 먼저 피는 하얀 쌀밥 같은 꽃이다. 화려하지 않으면서도 은은한 '거울 앞'의 모습이다. '긴 겨울'의 고난을 헤치고 '온몸을 다해' 피워 내는 저 '봄꽃' 같은 감사의 깨달음이 아름답다. 비록 시장기를 채울 수는 없지만 그것은 '내'게로 온 '잠시', '순간'을 둘러싼 삶의 고단함이 승화된 모습이다. 이러한 순간이 영원이 되는 슬기를 이 시인은 세상의 파도를 넘어 만나고 있다.

강원도 홍천군 내촌면 물걸리 132번지 김판순씨 오이로 냉채를 하고
전남 순천시 추암면 백록길 46번지 오성길씨 호박잎으로 쌈을 만들고
충북 옥천군 동이면 금암리 27번지 이정자씨 가지로 찜을 한다
팔도가 모인 식탁에는 흙냄새가 난다

강원도 홍천군 내촌면 물걸리 132번지 김판순씨 오이는 봄에
전남 순천시 추암면 백록길 46번지 오성길씨 호박잎은 늦봄에
충북 옥천군 동이면 금암리 27번지 이정자씨 가지는 이른 여름에
약속하여 같이 심고 거둔 너와 나의 살림이다

—「어우리」 전문

4부 중 한 편이다. 4부 시에는 서로 어울려 사는 따뜻한 모습은 담은 시편들이 많다. '그 밥에 대한 설, 풀을 먹다, 현암사, 상좌불, 은골 그녀네 집' 등이 그렇다. 읽다 보면 감동을 주는 싯귀가 자주 나타나곤 한다. 사람에 따라서는 너무 소박하게 느껴질 수도 있는 시이지만 묘미를 발견한다는 생각으로 골라 보았다.

시의 구조는 단순하고 소박하다. 무슨 메시지를 내세우지도 않는다. 단순한 두 연의 시, 그러나 여러 번 소리 내어 읽어보라. 비록 사람들은 다른 지역에서 살지만 서로 얽혀 상부상조하는 상생의 삶이 홍겹게 숨어 있다.

주소, 그것도 번지수가 세세하게 드러난 김판순, 오성길, 이정자씨는 실재하는 사람들이다. 고관대작도 하다못해 티브이에 자주 나오는 탤런트도 아니다. 평범한 장삼이사요, 아침저녁으로 만나는 이웃들이다. 흙을 바탕으로 사는 가장 깨끗한 백성의 모습을 그 이름과 오이, 호박잎, 가지 등의 채소와 함께 떠올리게 된다.

봄, 늦봄, 여름에 그들이 농사지은 것들을 음식으로 먹는 도시 소시민의 삶은 서로 뗄레야 뗄 수 없이 연결되어 있다. 호텔의 휘황한 배경에 고관대작의 진수성찬을 비교해 보라. 이 시를 모두 한 번 크게 소리 내어 읽고 외우다 보면 이 땅에 민주주의가 봄처럼 찾아올 것이라는 생각이 들 것이다.

4.

시인이 한 편에 기울인 시간만큼 소리 내어 또는 속으로 읽고 생각해야 비로소 그 시는 입을 연다. 어느 시인의 말이다. 우리는 만화 보듯 건성으로 시를 대할 때가 많다. 그것은 독자에게만 책임이 있는 것은 아니지만 바람직한 태도는 결코 아니다.

모든 것이 다 그런 것처럼 시인은 자기의 세계관을 바탕으로 대상을 바라보고 받아들인다. 그것을 편견이라고 몰아붙이는 것은 옳지 않은 것이다. 자칫 지적 허무주의에 빠질 수도 있으나 상대적인 의미를 받아들이는 것은 다양한 구조의 현대에서는 당연한 일이다.

안지순 시인의 시는 주로 시인이 살고 있는 혈연과 토양에서 크게 벗어나지 않고 있다. 진실성이 배여 있는 이유다. 그러나 시각을 좀 넓혀 자연과 사회를 바라볼 필요가 있을 것 같다.

시는 시대를 떠나 존재하지 않는다. 그렇다고 시대의 구속에 매몰되는 것도 아니다. 늘 새로운 눈으로 경이를 발견하도록 힘써야 하지 않을까. 두보杜甫는 이런 말을 한 적이 있다. 사람들을 놀라게 하는 말을 생사를 걸고 찾겠다고語不驚人 死不休. 대가도 그러하거늘 예사 시인이랴. 그러나 억지로 그럴 필요는 없다. 쉬지 않는 자세는 남이 놓치는 걸 만나게 한다.

안 시인은 허울 좋은 관념의 유희에 빠지거나 뿌리 없는 낙원의식에 침몰되지 않는다. 그것을 소중하게 생각한다. 착하고 가난한 사람의 편에서 그들을 옹호하고 연대하는 자세를 지켜 꾸준히 감동과 아름다움을 갖춘 이 시대의 따뜻한 작품을 써 주기 바란다.

안지순

안지순 시인은 1974년 충남 금산에서 출생했고, 공주대학교 대학원 국어국문학과를 졸업했으며, 2006년부터 '좌도시'를 통해 활동하기 시작했다. 현재 '책읽는 다락서원'에서 아이들과 함께 독서와 글쓰기를 하고 있으며, 2019년, 아이들이 쓴 동시를 모아 동시집『충치 먹은 집』을 엮어낸 바가 있다.
안지순 시인의 첫시집『어우리』의 주제는 조화이며, 모든 사람들이 저마다의 개성과 독창성을 통해 이 '조화'의 주체자가 된다.『어우리』의 세계는 최선의 세계이며, 모든 것이 약속되어 있다. 이 땅의 평범한 사람들의 삶을 더없이 친숙하고 따뜻한 시선으로 묘사하면서도, 우리가 곧잘 놓치고 있는 '반전의 드라마'를 연출해냄으로써 더없이 사실적이고 진한 감동을 이끌어낸다.

이메일 : jisoonee1837@hanmail.net

안지순 시집
어우리

발　　행 2020년 6월 3일
지 은 이 안지순
펴 낸 이 반송림
편집디자인 김지호
펴 낸 곳 도서출판 지혜 • 계간시전문지 애지
기획위원 반경환 이형권
주　　소 34624 대전광역시 동구 태전로 57, 2층 도서출판 지혜 (삼성동)
전　　화 042-625-1140
팩　　스 042-627-1140
전자우편 ejisarang@hanmail.net
애지카페 cafe.daum.net/ejiliterature

ISBN : 979-11-5728-400-9 03810
값 9,000원